¿Quién fue Ponce de León?

Pam Pollack y Meg Belviso

ilustraciones de Dede Putra

traducción de Yanitzia Canetti

Penguin Workshop

Para Sasha Ponce, Savannah Ponce y Elijah Ponce,
descendientes diversos—PP

Para Mason Allen Campanella, intrépido
explorador—MB

PENGUIN WORKSHOP
Un sello editorial de Penguin Random House LLC, Nueva York

Publicado por primera vez en los Estados Unidos de América por Penguin Workshop,
un sello editorial de Penguin Random House LLC, Nueva York, 2022

Edición en español publicada por Penguin Workshop, un sello editorial de
Penguin Random House LLC, Nueva York, 2023

Derechos del texto © 2022 de Pam Pollack y Meg Belviso
Derechos de ilustración © 2022 de Penguin Random House LLC
Derechos de la traducción en español © 2023 de Penguin Random House LLC

Traducción al español de Yanitzia Canetti

Visítanos en línea: penguinrandomhouse.com.

Los datos de Catalogación en Publicación de la Biblioteca del Congreso están disponibles.

Impreso en los Estados Unidos de América

ISBN 9780593658192   10 9 8 7 6 5 4 3 2 1 WOR

Contenido

¿Quién fue Ponce de León? 1

Un paje joven 5

La batalla de Granada 16

La Conquista 28

Gobernador de frontera 41

Borinquén 47

Las tierras del Norte 56

Florida 66

Un héroe español 77

Un nuevo rey 84

Los calusas 94

Cronologías 104

Bibliografía 106

¿Quién fue Ponce de León?

Actualmente, la isla de La Española, en el Caribe, está dividida en dos naciones: Haití y República Dominicana. A principios del siglo XVI, la isla fue invadida y convertida en colonia de España. La Española fue gobernada por el español Nicolás de Ovando. En 1508, Ovando envió a uno de los colonos que vivían en La Española a explorar la cercana isla de Borinquén, que los españoles llamaron San Juan Bautista, pero que hoy se llama Puerto Rico. El hombre se llamaba Juan Ponce de León.

El gobernador español consideraba que la isla de La Española y sus habitantes eran propiedad de su rey y su reina. Los españoles habían oído que había oro en Borinquén, y querían todo el oro que pudieran conseguir. Todo el que encontraran debía compartirse con los reyes Fernando II e Isabel I de España, pero aún quedaba mucho oro para que un conquistador se quedara con él.

En 1509, Juan Ponce de León regresó a La Española desde Puerto Rico. El gobernador Ovando estaba ansioso por saber lo que había visto y hecho allí. Juan informó que él y su equipo de 50 hombres habían fundado un nuevo asentamiento que llamaron Caparra. Los taínos que ya vivían en Puerto Rico no eran rivales para los soldados de Juan y sus armas.

Ovando quedó muy satisfecho con el informe de Juan. Los españoles ya se habían apoderado de la isla La Española, esclavizando a los indígenas que vivían allí. Ahora, esperaba que los españoles también gobernaran Puerto Rico.

El gobernador Ovando recompensó a Juan, de 35 años, nombrándolo primer gobernador de Puerto Rico. Le pagaría un buen salario. Le dijo que podría tomar un gran terreno en Puerto

Rico y construir una casa en él. Podía obligar a los nativos de la isla a ayudarle a construirla y a trabajar la tierra. El pueblo de Puerto Rico no tenía ninguna otra opción al respecto.

Juan estaba encantado con su nuevo título y con las riquezas que conllevaba: tierra, poder y oro. Estas eran las razones por las que él había dejado su hogar en España y viajado a través del Océano Atlántico a un mundo que nunca había visto antes.

CAPÍTULO 1
Un paje joven

Juan Ponce de León nació en 1474 en Santervás del Campo, en la provincia de Valladolid, al noroeste de España. Su padre era el conde Juan Ponce de León, un noble de una respetada familia aristocrática. Los Ponce de León descendían de los reyes visigodos de la época romana en España.

Los visigodos

Los visigodos eran uno de los dos pueblos llamados godos que probablemente se originaron en Escandinavia. En el año 378, los visigodos libraron una batalla en la actual Turquía contra el Imperio Romano, entonces una superpotencia mundial. Sorprendieron a todo el mundo al ganarla. Muchos consideran esta batalla como el principio del fin del Imperio Romano.

Tras derrotar a Roma, los visigodos se asentaron en toda Europa occidental, incluida la Península Ibérica, España. El reino visigodo fue el más fuerte de Europa occidental durante más de 300 años, hasta que fue derrotado en esa península por las fuerzas musulmanas en el año 711.

No sabemos quién fue la madre de Juan, porque sus padres no estaban casados. Eso no era inusual para los nobles españoles de la época. Se dice que su padre tuvo veinte hijos de diferentes madres. Cuando Juan era un niño, un pariente mayor, Rodrigo, ya era famoso por su valentía como soldado. Rodrigo fue nombrado Duque de Cádiz en 1484.

Juan no vivía con ninguno de sus padres. Como muchos hijos de familias nobles, fue enviado a vivir con un pariente a una edad temprana. El tutor de Juan se llamaba Pedro Núñez de Guzmán. Tenía el título de Caballero

Rodrigo Ponce de León,
Duque de Cádiz

Comendador de la Orden de Calatrava y era amigo personal del rey Fernando. Pedro le enseñaría a Juan todo lo que debía saber para llegar a ser un caballero como su famoso pariente, Rodrigo.

Pedro Núñez de Guzmán

Como niño de sangre noble, Juan no fue a la escuela. Lo educaron tutores privados. La mayoría de los niños en España en esa época no leían. Sin embargo, él tuvo acceso a la biblioteca privada de Pedro y aprendió a leer y escribir. También aprendió a comportarse en la corte con el rey y la reina. Como caballero, un día serviría al trono de España. Es muy posible que conociera al rey y a la reina en persona.

España era un país

Los caballeros

Un caballero era un hombre nacido en una familia noble y entrenado para convertirse en un soldado de honor. Los caballeros servían (trabajaban) a un señor (una persona que poseía muchas tierras) o al rey de todo un país. Eran conocidos por los trajes metálicos, llamados armaduras, que llevaban a la batalla. Incluso sus caballos llevaban a veces complejas armaduras. Si tenían éxito, recibían tierras propias, y a menudo un título, a cambio de su servicio.

La palabra "caballero" es también el título que un rey o una reina concede a uno de sus súbditos para honrarlo. Si un monarca nombra Caballero a un hombre, se le llama "Señor". Si una mujer es nombrada Caballero, se le llama "Dama".

católico, y Juan aprendió las enseñanzas de su Iglesia. Creía que todo aquel que no fuera católico debía convertirse al catolicismo para poder ir al cielo.

La educación de Juan también se centró en la equitación y la caza. Aprendió a adiestrar sabuesos para perseguir animales como ciervos, jabalíes y osos. También adiestró a aves de presa, como halcones y gavilanes, que volaban y volvían a posarse en su brazo.

Juan practicó con todas las armas que utilizaba un caballero. Así, tenía que aprender a luchar con una espada y a sostener una lanza mientras montaba a caballo. También practicó el tiro con arcabuz, un arma que parecía un rifle largo.

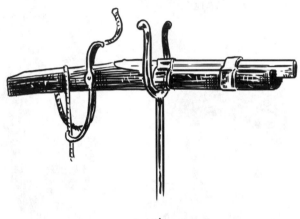

Arcabuz

Cuando Juan era todavía niño, empezó a trabajar como paje para su tutor, Pedro. Un paje era un joven que se entrenaba para caballero sirviendo a otro. Juan sabía que como caballero tendría que luchar e incluso morir defendiendo el reino de España. Estaba dispuesto a hacerlo.

De hecho, ansiaba convertirse en un verdadero
caballero. Anhelaba la aventura y ganar la gloria en
el campo de batalla, como había hecho Rodrigo.

Y pronto, tendría su oportunidad.

CAPÍTULO 2
La batalla de Granada

Juan tenía 14 años en 1488. Estaba listo para ir a la guerra como el soldado para el que se había entrenado toda su vida.

Por cientos de años, los líderes católicos de España quisieron que España tuviera una sola religión: la suya. A principios del siglo VIII, los moros (musulmanes), invadieron desde el norte de África y se adueñaron del suroeste de la Península Ibérica. Los católicos no querían  que ninguna zona estuviera controlada por los moros. La lucha entre ambos bandos se prolongó durante siglos.

En 1488, cuando Juan estaba listo para la lucha, solo quedaba una zona bajo el control de los moros: el Emirato de Granada. Los gobernantes de España, el rey Fernando y la reina Isabel, estaban unidos en el deseo de expulsarlos de esta región. Reunieron tropas y armas para derrotar a los moros en Granada.

Fernando II de Aragón (1452-1516) e
Isabel I de Castilla (1451-1504)

Antes del matrimonio de Fernando e Isabel, el país que llamamos España estaba formado por varios reinos pequeños. Los más poderosos eran Aragón y Castilla. Fernando era el rey de Aragón, e Isabel, la reina de Castilla. Cuando se casaron en 1469, España se convirtió en un país unificado. El rey y la reina querían que fuera un país católico. Estaban decididos a expulsar a los moros, que controlaban el pequeño reino de Granada. Una vez expulsados los moros comenzaron a patrocinar viajes para establecer rutas comerciales y conquistar tierras fuera de su propio reino europeo.

Fernando e Isabel eran primos segundos de la misma línea de la realeza. Llegaron a tener cinco hijos que se casaron con los herederos de otras familias reales europeas.

Rodrigo Ponce de León

El Emirato de Granada (la región morisca) resistió a los españoles durante tanto tiempo porque estaba en las montañas y rodeado de ciudades y fortalezas. El pariente de Juan, Rodrigo, ya luchaba allí contra los moros. Era un héroe de guerra al que la reina Isabel describió como el "espejo de la caballería".

Cuando Juan se unió a los soldados españoles en Granada, esta era gobernada por el joven sultán Abu Abdallah Muhammad XII. Sus fuerzas no eran lo suficientemente fuertes para luchar contra armas modernas, como cañones y bombardas, que disparaban pesadas bolas de granito desde muy lejos. Eso significaba que los soldados españoles

Abu Abdallah Muhammad XII

no tenían que acercarse para luchar como en el pasado. También confiaban en sus largos arcabuces. A diferencia de las armas anteriores, estas podían ser disparadas por un solo hombre.

Además, los moros estaban acostumbrados a luchar solo con clima templado. En el invierno, los soldados y sus jefes volvían a casa. Pero bajo

el reinado de Fernando e Isabel, los soldados cobraban todo el año y estaban equipados para un clima más frío. De manera que Juan luchaba todo el año, y lo hacía con tanta valentía que llamó la atención de los reyes.

Juan y los demás soldados llegaron a Granada

en abril de 1491. Rodearon la ciudad para que nadie pudiera entrar o salir ni conseguir alimentos. Muhammad XII esperaba recibir ayuda de Egipto y Marruecos, en el norte de África, pero nunca llegó. Después de ocho meses, el sultán rindió Granada a Fernando e Isabel. Les abrió las puertas de su ciudad, diciendo: "Estas son las llaves de este paraíso".

A los musulmanes y a los judíos se les dio esta opción: convertirse al cristianismo o abandonar

El Islam

El Islam, la fe musulmana, es la segunda religión más grande del mundo, practicada por 1800 millones de personas en todo el planeta. Los musulmanes creen que Alá (Dios) habló al profeta Mahoma a través del ángel Gabriel. Las palabras de Dios fueron luego escritas en un libro sagrado llamado Corán. La creencia central del Islam es que "no hay más Dios que Alá y Mahoma es su mensajero".

Mahoma nació en el año 570 en la ciudad de La Meca, que los musulmanes llaman ahora su Ciudad Santa. Está situada en las montañas Sirat de Arabia Saudita.

La Ciudad Santa de La Meca

España. La victoria en Granada convenció a los reyes de que eran superiores a sus enemigos y de que Dios quería que ganaran. España era ahora un país completamente católico. Debido a su victoria sobre los moros, creyeron que debían salir

a buscar otras tierras para conquistarlas y difundir su fe católica.

Necesitaban conquistadores para explorar

nuevas tierras. Estos caballeros y soldados zarparían desde Europa, abriendo rutas comerciales y reclamando tierras para sus países de origen. Fernando e Isabel pensaron que Juan, de dieciocho años, era el tipo de conquistador que necesitaban.

CAPÍTULO 3
La Conquista

Juan había pasado toda su vida entrenando para ser un soldado, y quizás algún día incluso un caballero. Ahora que la guerra de Granada había terminado, ¿qué haría a continuación? Fernando e Isabel estaban ansiosos por cumplir lo que creían que era su misión de Dios: conquistar otras tierras, establecer nuevas colonias y difundir la fe católica.

En 1492, un explorador llamado Cristóbal Colón había desembarcado en La Española, en el mar Caribe, y la había tomado como colonia para España. Juan ya conocía a Colón. Ambos estuvieron presentes en la rendición de Granada.

Juan se enteró de que Colón planeaba volver a La Española para construir allí asentamientos españoles. Los colonos españoles establecerían granjas y extraerían oro. Ganarían dinero para el rey y la reina de España. La Española ya estaba poblada por los taínos. Ellos no querían que su isla fuera conquistada y se convirtiera en parte del reino de España y ciertamente, no querían trabajar para los españoles. Así que cuando Colón regresó a La

Cristóbal Colón

La colonización

La colonización se produce cuando un país reclama el control de otro país o región, a menudo menos poderoso o deshabitado. Una nación establecida desde hace mucho tiempo, como Inglaterra o España, podía dominar fácilmente zonas más pequeñas pobladas por indígenas, establecerse en ellas y tomar el control de las mismas. A continuación, se apoderaban de los

Los objetos de oro de los habitantes de América Central y del Sur se fundían y formaban pequeñas barras que luego se enviaban a España.

recursos naturales como los minerales (incluidos el oro y la plata), las cosechas y la madera para exportarlos a su propio país. El país controlador se enriquecía, el país más pequeño era saqueado. Los nativos eran oprimidos.

Hay lugares, que aunque ya no son oficialmente colonias, siguen sufriendo los efectos de la colonización. Muchos tesoros, como las obras de arte, la arquitectura y los objetos religiosos elaborados por los nativos, aún permanecen en los museos de las antiguas potencias coloniales, adonde fueron enviados hace tiempo.

Española, planeó llevar soldados para obligar a los taínos a hacer lo que él quería.

Colón salió de España para volver a La Española el 25 de septiembre de 1493, con diecisiete barcos y unos 1300 hombres. Uno de ellos era Juan Ponce

de León, de 19 años. Juan no solo estaba interesado en conquistar nuevas tierras para España. Como conquistador, podría quedarse con parte de los beneficios que encontrara en La Española.

Cuando Colón regresó a España, después

de su primer viaje, dejó atrás un gran grupo de soldados españoles. Juan y los demás hombres del viaje de 1493 esperaban ser recibidos por ellos al llegar a la isla. Pero cuando llegaron a La Española, encontraron que todos los españoles

estaban muertos. Algunos habían muerto por enfermedad y otros habían sido asesinados por los taínos, que intentaban defender su hogar. Colón estaba dispuesto a derrotar a los taínos.

Como soldado español, Juan estaba dispuesto a

Los taínos

Los taínos eran una de las muchas tribus que integraban los indios arawakos del noreste de Sudamérica. Vivían en el grupo de islas conocido como las Antillas Mayores: Cuba, Jamaica, La Española (Haití y República Dominicana) y Puerto Rico. Los taínos probablemente empezaron a poblar estas zonas entre el 120 y el 400 d. C. Antes de la llegada de los europeos, algunos historiadores creen que podía haber hasta 8 millones de taínos. Eran marineros, pescadores, fabricantes de canoas y navegantes. Vivían en casas de paja y llevaban pendientes, aros en la nariz y collares.

Los taínos tenían una rica tradición religiosa que transmitían a través de danzas ceremoniales llamadas areitos, toques de tambor, tradiciones orales y un juego de pelota que practicaban en campos marcados por piedras llamadas dólmenes. En la cultura taína, tanto los hombres como las mujeres podían ser jefes.

obligar a los taínos de La Española a trabajar para España, y tenía armas modernas que los taínos no tenían. Fue una lucha desigual. Él y sus compañeros mataron a muchos taínos y esclavizaron a otros hasta que admitieron su derrota. Con el control de la isla por parte de los españoles, Colón preparó su regreso a España. Juan tomó la decisión de quedarse y establecer su hogar en La Española. Conoció a una joven española llamada Leonora, cuyo padre era posadero en la isla. Se casaron hacia 1502. Cuando Colón volvió a España, Nicolás de Ovando fue nombrado gobernador de La Española.

Nicolás de Ovando

En 1504, los taínos atacaron el asentamiento

español de Higüey, en la parte oriental de la isla. Ovando ordenó a Juan que dirigiera a 400 soldados españoles contra ellos. Los taínos superaban en número a Juan y sus hombres cuatro a uno pero, aun así, fueron aplastados.

Las regiones taínas de La Española

Ovando recompensó a Juan nombrándolo gobernador de frontera a cargo de toda la provincia donde se encontraba Higüey. Juan también recibió un gran terreno y un grupo de taínos esclavos que fueron obligados a trabajar para él.

CAPÍTULO 4
Gobernador de frontera

El gobernador de frontera, Juan, nunca había tenido tierras. Había sido un soldado que se movía con el ejército. Ahora tenía la oportunidad de crear riqueza para sí mismo. Una vez derrotados los taínos, los españoles se apoderaron de toda la isla de La Española y se la repartieron. Juan se puso a trabajar para aprender a criar caballos, cerdos y ganado. También quería cultivar. A diferencia

de otros conquistadores, Juan sabía que los taínos tenían muchas cosas que enseñarle. Dado que esta había sido su tierra durante cientos de años, sabían cómo cultivar productos autóctonos como

las batatas y una raíz vegetal llamada yuca.

A Juan no le importaba pedirles ayuda a los taínos para cultivar una tierra que él había ayudado a arrebatarles por la fuerza. Creía que España tenía todo el derecho a conquistar ese país para ella. No le importaba que los taínos ya vivieran allí y lo consideraran su hogar. No los veía como iguales a él o a cualquier otro español.

De vuelta a España, Juan no hubiera podido esclavizar a otro español blanco, por muy pobre que fuera. Pero es posible que le hayan enseñado que Dios había creado a unas personas para que fueran superiores a otras. Y como católico y español, se sentía superior a los taínos.

La tierra de Juan estaba en el lado oriental de la isla. Allí construyó una gran casa de piedra

para él y Leonora. Formaron una familia y pronto tuvieron dos hijos: un hijo, Luis, y una hija, Juana. En 1505, el gobernador le dio permiso para establecer una nueva ciudad en Higüey, a la que llamó Salvaleón.

Juan fue gobernador de frontera en Higüey por unos 3 años. En ese tiempo, a veces se reunía

y comerciaba con los taínos libres de una isla vecina. Juan seguía pensando que tenía cosas que aprender de los taínos. Le interesaba especialmente cuando le describían las ricas tierras de la isla que llamaban Borinquén.

Aunque Juan ya estaba muy cómodo y rico en La Española, todavía quería más; lo mismo que el

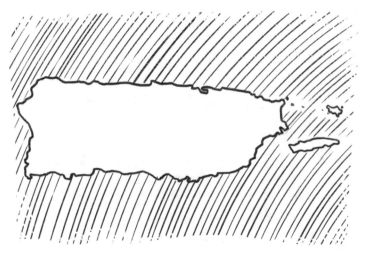

Borinquén

rey Fernando. Quizás, también echaba de menos viajar para luchar en guerras y navegar hacia tierras desconocidas. Había sido criado para ser soldado. La vida en una plantación, aunque fuera próspera, no era muy emocionante para él.

Juan buscaba su próximo reto, y Borinquén podría serlo.

CAPÍTULO 5
Borinquén

Juan estaba ansioso por explorar Borinquén. En 1508, tras recibir el permiso del gobernador Ovando y del rey Fernando, reunió a cuarenta soldados y un único barco. Desembarcó a 230 millas de distancia en el lado oeste de la isla e hizo un asentamiento en un lugar a unas 10 millas de lo que hoy es la ciudad de San Juan. Juan, como siempre, estaba dispuesto a luchar contra cualquier nativo que intentara interferir con sus hombres. Pero el líder de los taínos de Borinquén, un cacique llamado Aguay, había oído hablar sobre las terribles armas de los españoles. (El cacique es un jefe nativo.) Decidió que sería mejor para los taínos de Borinquén rendirse que enfrentar a los españoles.

Juan estableció una colonia agrícola llamada Caparra, donde siguió criando cerdos y ganado, así como cultivos autóctonos como yuca y batatas.

La yuca era un cultivo muy valioso porque se utilizaba para hacer pan que se conservaba mejor al aire del mar. Así, Juan podía venderle el pan a los barcos que cruzaban el

Yuca

Océano Atlántico rumbo a España. Los marineros tendrían un buen pan para comer durante el largo viaje.

El gobernador Ovando estaba tan satisfecho con la nueva colonia, que nombró a Juan gobernador de Borinquén. (Luego decidirían que la isla necesitaba un nuevo nombre, uno español. Así que, en 1521 la nombraron Puerto Rico). Juan llevó a su familia de La Española para que se estableciera con él en Puerto Rico. Allí, él y Leonora tuvieron dos hijas más, María e Isabel. También tenía un perro de mascota, un mastín español de pelo rojo llamado Becerillo. Decían que distinguía a un amigo de un enemigo por su olor y que era un luchador feroz.

Juan decía que era "igual a 50 hombres" en la batalla. Becerillo era muy conocido en la isla.

El trabajo de Juan era hacer que su nueva isla fuera un éxito para España. Pues era una colonia que ahora pertenecía al rey. Esclavizó a los taínos para que trabajaran para los colonos en lugar de trabajar sus propias tierras. Debido a eso al final no tenían comida para ellos. A veces, obligaban a las madres a trabajar, separándolas de sus hijos, que podían morir sin ellas.

Los recién llegados perjudicaron aún más a los taínos al infectarlos con enfermedades europeas. Los españoles trajeron enfermedades a La Española y Puerto Rico a las que los nativos nunca se habían enfrentado, como la viruela, el sarampión y la gripe. Los nativos no tenían inmunidad ante estas enfermedades ni medicinas para combatirlas. Los colonos españoles acabaron con poblaciones enteras de nativos solo con su presencia en la isla.

Los taínos no eran el único grupo de nativos de la isla de Puerto Rico en aquella época. Una tribu llamada caribe vivía al otro lado de la isla. Los caribes eran guerreros feroces que a veces capturaban y esclavizaban a los taínos. Cuando los españoles se apoderaron del territorio taíno, prometieron que los protegerían de los caribes del lado oriental de la isla, pero no cumplieron su promesa. Dejaron que las incursiones caribes continuaran contra los taínos.

Finalmente, los taínos no soportaron más este trato. En 1511, solo 3 años después de la llegada de Juan Ponce de León, se rebelaron contra los españoles. Juan ordenó a sus hombres lanzar un ataque nocturno por sorpresa. Mataron a miles de

tainos, que ya estaban debilitados por el hambre, el agotamiento y las enfermedades.

Fernando consideraba que Juan era muy bueno en su trabajo.

CAPÍTULO 6
Las tierras del Norte

Diego Colón

El éxito de Juan en Puerto Rico atrajo la atención de mucha gente de España. Uno de ellos tenía un interés muy personal en la isla: Diego Colón, el hijo de Cristóbal Colón. En 1509 había llegado a La Española con su familia. Diego ya era rico y tenía el título de Gobernador de las Indias. (Las Indias era como los españoles llamaban a la zona que incluía las islas del Mar Caribe). El padre de Diego se había detenido brevemente en la isla de Puerto Rico en 1493, el tiempo suficiente para reclamarla para España. Por lo tanto, Diego afirmaba que él era el legítimo gobernador de Puerto Rico, no Juan.

Diego Colón acudió al rey Fernando con su reclamación. En 1511, la corte real decidió que "por derecho al descubrimiento de su padre" él era el gobernador de Puerto Rico. Juan perdió su

Las Indias Occidentales

Cuando Cristóbal Colón partió de España, navegó hacia el oeste con la esperanza de encontrar lo que él llamaba las Indias, que incluían naciones modernas como China e India. Colón no llegó a Asia, pero encontró un grupo de islas en el Mar Caribe que confundió con su destino. Por ello, las llamó las Indias. Cuando la gente se dio cuenta de que se había equivocado, empezó a llamar a la región recién descubierta las Indias Occidentales. Estas abarcan el triángulo que va desde Florida hacia el sur a lo largo de la costa de América Central, hacia el este a lo largo de la costa de América del Sur y hacia el norte hasta las Bermudas. La región también se denomina cuenca del Caribe.

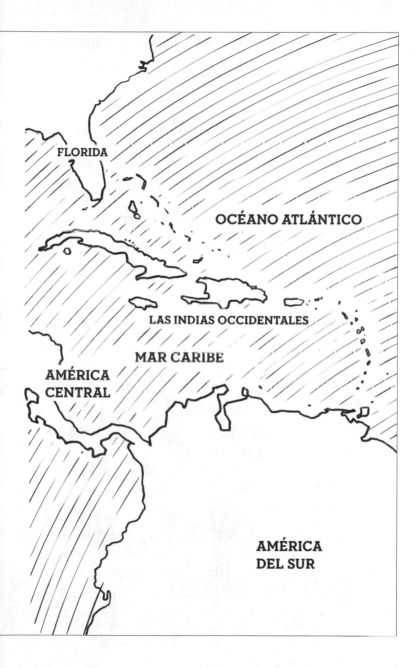

FLORIDA

OCÉANO ATLÁNTICO

LAS INDIAS OCCIDENTALES

MAR CARIBE

AMÉRICA
CENTRAL

AMÉRICA
DEL SUR

posición. Pero Diego seguía celoso porque todos respetaban mucho a Juan.

Aunque amaba a Puerto Rico, Juan necesitaba seguir adelante. Una vez más, escuchó a los nativos de Puerto Rico. A menudo hablaban de una tierra al norte que a veces llamaban Bimini. Juan decidió buscarla personalmente.

Obtuvo el permiso del rey para navegar al norte

en 1512. Aunque Juan aún no había encontrado la nueva tierra (y no sabía si existía), se le dio el título de Adelantado de Bimini (otro tipo de gobernador) y se le dijo que podía quedarse con una décima parte de todo lo que encontrara allí. Fue nombrado Gobernador Vitalicio de Bimini y de cualquier tierra nueva que encontrara.

A Juan se le dio una declaración para que la leyera a la gente que encontrara en las regiones en las que desembarcara. La declaración, llamada el Requerimiento Español de 1513, decía que Dios quería que España gobernara el mundo. Si

los habitantes de esas tierras se negaban a convertirse al catolicismo y a someterse, España les haría "todo el mal y el daño" que pudiera. Eso significaba matarlos, esclavizalos y robarles todo.

Pero como Diego no era soldado, no sabía cómo derrotar a los caribes. Llegaron a quemar la casa del gobernador, y la mujer e hijos de Juan estuvieron a punto de morir. En 1512, Juan dirigió un ataque contra los caribes que los hizo retroceder del asentamiento español.

Juan contrató tres barcos y una tripulación con sus propios medios. Los alimentaba con comida

de su plantación en La Española. Juan no era un marinero y no sabía cómo dirigir un barco en la dirección correcta. No podía saber dónde estaba cuando navegaba en alta mar. Para ello dependía del navegante Antón de Alaminos. En la época de Juan, los marinos tenían que basarse en las posiciones de las estrellas para guiar su rumbo, o en la navegación a estima. Utilizando la dirección, la distancia y la velocidad, la navegación a estima podía determinar la posición de un barco. No era algo fácil de hacer, pero Alaminos era el mejor en ello.

Antón de Alaminos (c. 1478–?)

Antón de Alaminos nació en la costa sur de España. De joven, navegó en barcos desde las Islas Canarias por la costa de África y se convirtió en un experto en "leer el agua". Eso significaba que podía

Antón de Alaminos

entender las corrientes ocultas bajo la superficie del agua. Antón navegó en el segundo viaje de Colón a través del Océano Atlántico con Juan Ponce de León. Sus habilidades lo convirtieron en el navegante más solicitado de su tiempo. Cualquiera que navegara por el Mar Caribe en el siglo XV quería que Antón de Alaminos fuera el navegante.

CAPÍTULO 7
Florida

El 3 de marzo de 1513, Juan, con 39 años, estaba listo para navegar hacia el norte. Sus 3 barcos eran el Santiago, el San Cristóbal y el Santa María de la Consolación. Había cargado provisiones para el viaje, la mayoría de ellas cultivadas en su propia plantación en La Española. El cirujano del barco le recortó la barba a la altura de la mandíbula. En aquella época, el cirujano del barco (que no había estudiado medicina) podía sacar un diente, coser un roto o amputar un brazo o una pierna infectados. También era el barbero que pelaba y afeitaba.

Navegaron alrededor de un mes. El 2 de abril desembarcaron en la costa de lo que a Juan le parecía una isla. Pero en realidad era una

El Santiago

península, un trozo de tierra rodeado de agua por 3 lados. Estaba conectada a un continente, lo que hoy es América del Norte.

Al observar la nueva tierra, vio flores brillantes, pájaros y mariposas. Llamó a la tierra, Florida (con muchas flores). Pensó que era un nombre especialmente bueno, porque había desembarcado

allí en la temporada de Pascua. La Pascua es el día santo católico más importante del año, y la temporada de Pascua se llamaba Pascua Florida, o la Fiesta de las Flores.

Juan había desembarcado en un lugar que hoy se considera parte de San Agustín, en el estado de Florida. Acamparon durante 5 días y luego volvieron a sus barcos. Más tarde, la Santa María y el Santiago volvieron a desembarcar y se dieron cuenta de que habían perdido su tercera nave. La corriente del Golfo había arrastrado al San Cristóbal mar adentro y lo habían perdido de vista. Todo lo que podían hacer era esperar a que volviera.

Florida era ya el hogar de muchas personas. Algunos de ellos intentaron expulsar a los españoles. Juan no quería abandonar Florida, pero trasladó a sus hombres en un intento de evitar a los lugareños.

La corriente del Golfo

El mar está siempre en movimiento, con corrientes que se desplazan de un lugar a otro. La corriente del Golfo se debe a un sistema de corrientes y vientos circulares. Crean lo que se llama un giro oceánico. Cuando el agua caliente del Golfo de México fluye hacia el norte en el Océano Atlántico, el agua más fría del Atlántico se hunde y se desplaza hacia el sur. La corriente del Golfo tiene miles de kilómetros de longitud. Lleva el agua caliente del Golfo de México hasta el Mar de Noruega. El agua más fría fluye hacia el sur hasta la Antártida.

Algunos atribuyen a Antón de Alaminos el mérito de ser el primer navegante que utilizó la corriente del Golfo. Durante más de 200 años después de su descubrimiento en 1513, los barcos españoles la utilizaron en sus rutas comerciales,

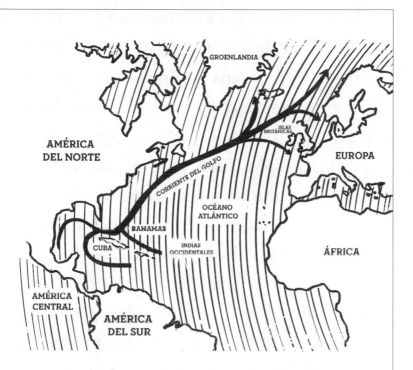

pero nunca la marcaron en los mapas. Querían mantenerla en secreto porque ayudaba a los barcos españoles a navegar más rápido que otros barcos. La primera mención de la corriente del Golfo en un mapa impreso fue en 1769.

Acamparon junto a un arroyo que Juan llamó Río de la Cruz. En el arroyo, Juan y sus hombres recogieron toda la leña que pudieron. También capturaron a un lugareño y lo obligaron a hacer de guía.

El San Cristóbal finalmente reapareció, y los 3 barcos zarparon de nuevo, siguiendo la costa hacia el oeste antes de desembarcar una vez más. Esta zona estaba habitada por un pueblo llamado calusa, conocido por su ferocidad. Su cacique se llamaba Calus. Juan lo llamó Carlos, porque así le sonaba el nombre. A partir de entonces, los españoles llamaron erróneamente Carlos a todos los líderes tribales nativos.

Juan esperaba convencer a los calusas de que lo dejaran a él y a sus hombres quedarse en la tierra. Pero Calus había oído todo lo que los españoles hicieron cuando llegaron a lugares como La Española y Puerto Rico. No quería que eso se repitiera en su tierra. Las discusiones entre los

calusas y los españoles no fueron bien. Finalmente, estalló una batalla. Los calusas atacaron a los españoles con flechas muy mortíferas gracias a las espinas de pescado afiladas que usaban.

Tras el ataque de los calusas, Juan tomó la decisión de abandonar tierra firme. Ordenó a sus hombres que volvieran a los barcos y se dirigieron al sur, hacia su casa.

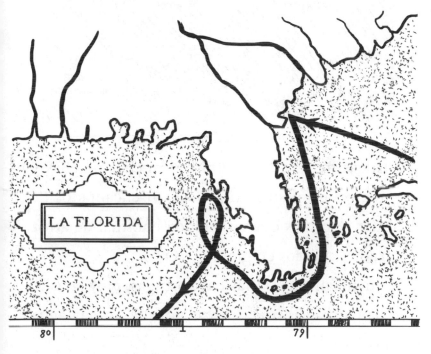

En su camino a Puerto Rico, Juan se encontró con otra cadena de islas en el oeste de lo que ahora son los Cayos de Florida. Las aguas que las rodeaban estaban llenas de animales, entre ellos

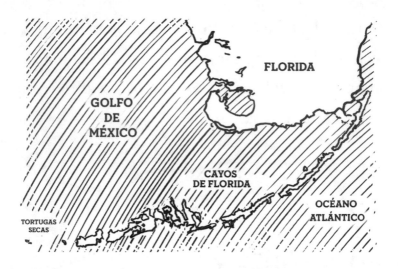

tortugas marinas. Capturaron muchas de ellas y se dieron un gran festín. Estaban encantados de comer algo más que su comida habitual de arroz y frijoles cocidos en grasa de cerdo.

Juan llamó a las islas Las Tortugas. Hoy las islas se llaman las Tortugas Secas porque no hay agua dulce en ellas.

CAPÍTULO 8
Un héroe español

Cuando Juan volvió a Puerto Rico, ya no tenía casa allí. Diego Colón seguía siendo gobernador, y seguía sin gustarle Juan. Así que decidió llevar a su familia de vuelta a España. No pensaba vivir allí, pero quería informarle personalmente al rey Fernando sobre su nuevo descubrimiento, la tierra que llamó Florida.

Juan y su familia salieron de Puerto Rico en abril de 1514. El rey Fernando se alegró mucho de ver a Juan en la corte de Valladolid en España. También se alegró al oír hablar de Florida, que Juan seguía describiendo como una isla. Juan también le contó sobre la tierra que los taínos llamaban Bimini, y que esperaba encontrar.

Como recompensa por informarle sobre

Florida, el rey le dio a Juan su propio escudo de armas. O sea, que Juan podía diseñar un símbolo para su familia para ponerlo en su escudo. También significaba que su familia era muy honrada. El rey tenía que dar su permiso para crear un escudo de armas. Juan eligió poner un león en el escudo de su familia. Fue el primer conquistador en recibir este honor.

Juan realizó una importante visita a la Casa de Contratación en la ciudad de Sevilla. Allí el gobierno español llevaba la cuenta de todo lo que ocurría en el Nuevo Mundo que Juan estaba ayudando a conquistar. Este mundo no era nuevo, por supuesto. Solo era nuevo para los marineros españoles que nunca lo habían visto antes.

Juan dio a los registradores de allí una descripción detallada de todas las tierras que había visto. Luego las añadieron al mapa llamado Padrón Real. Este mapa se utilizó para hacer todas las cartas de navegación utilizadas por los capitanes y pilotos españoles. Para España, este mapa representaba el mundo. Si un lugar no aparecía en este, los capitanes españoles no sabían que existía.

Mientras estaba en España, Juan firmó un

contrato que le daba derecho a establecerse y ser gobernador tanto de Florida como de Bimini. El contrato prometía que sería gobernador de por vida.

Esto era importante para Juan, porque no quería que le quitaran su puesto, como había hecho Diego Colón en Puerto Rico.

Aunque Juan era oficialmente el Gobernador de estas tierras, en realidad todavía no podía gobernar ninguna de ellas. Bimini era una tierra de la que solo había oído hablar. Aún no la había localizado. Había desembarcado en Florida, pero fue rápidamente expulsado por los calusas, que habían vivido allí durante miles de años. No consideraban a Juan como su gobernador. Los calusas tenían sus propios gobernantes. Si Juan iba a gobernar a los calusas, tendría que luchar contra ellos como había hecho con los taínos y los caribes.

Antes de que Juan pudiera regresar a Florida, el rey Fernando II le hizo otra petición. La tribu caribe había seguido atacando los asentamientos españoles en la cuenca del Caribe y sus alrededores. El rey quería que Juan organizara una armada, una flota de barcos de guerra españoles, para proteger esos asentamientos. Después de luchar contra los caribes, podría intentar asentarse en Florida y convertirse en gobernador.

Los calusas

Los calusas descendían del pueblo caloosahatchee que se asentó en Florida en 500 d. C. Construían sus casas sobre pilotes con techos de hojas de palma y pescaban mariscos como caracoles, cangrejos, almejas, langostas y ostras. Utilizaban las conchas para fabricar herramientas, joyas y adornos. Confeccionaban prendas de vestir con pieles de ciervo, hojas de palma tejidas y musgo.

Los calusas vivían en la costa suroeste de Florida, pero viajaban hasta Cuba en canoas hechas con troncos de ciprés ahuecados. El nombre calusa significa "gente feroz".

CAPÍTULO 9
Un nuevo rey

Juan salió de España con su armada el 14 de mayo de 1515. Los caribes atacaban los asentamientos españoles allí donde los encontraran. La lucha se extendía por miles de millas en las Antillas Menores, un grupo de islas volcánicas en el Mar

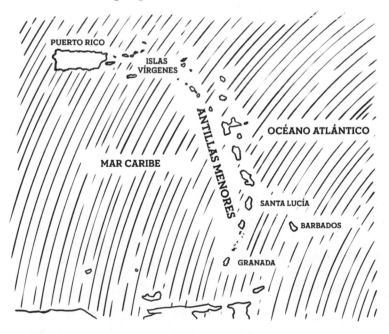

Caribe. Juan libró muchas batallas con los caribes en diferentes islas.

El 23 de enero de 1516 murió el rey Fernando II. Él había sido el mayor apoyo de Juan en España. A Juan le preocupaba que con la muerte del rey, pudiera perder muchas cosas que le había dado, como su contrato para explorar Florida y hasta su título de Caballero. La reina Isabel ya había muerto 12 años antes. El trono de Fernando fue heredado por su nieto, Carlos I, que gobernaría no solo

Rey Carlos I de España

España, sino también las tierras de lo que hoy es Alemania, Austria e Italia, como Carlos V, Emperador del Sacro Imperio Romano. En ese momento solo tenía 16 años.

Juan sabía que era importante agradarle al rey Carlos. Decidió poner fin a sus batallas con los caribes y navegar de vuelta a España. Juan tenía partidarios en España, entre ellos el cardenal Francisco Jiménez de Cisneros. El Cardenal dirigía el gobierno español durante la transición de Fernando a Carlos. Juan se alegraba de ese apoyo, pero no creía que pudiera marcharse de inmediato. Tenía que esperar hasta estar seguro de que el rey Carlos pensaba cumplir el contrato que Juan había hecho con su abuelo, Fernando II.

Durante la estancia de Juan en España, murió su esposa. Conoció y se casó con su segunda esposa, Juana de Pineda, de Sevilla.

Juan estaba ansioso por volver a Puerto Rico. Había oído que otros exploradores hacían viajes a "su" Florida. No tenían el permiso de España para colonizar Florida, ni el título que le habían otorgado a él. Pero compartían un enemigo: los guerreros calusas que habían expulsado a Juan también los expulsaron a ellos.

Los calusas sabían cuándo llegarían los españoles porque otras tribus les habían advertido. Estas tribus incluían a los tequesta, los ais y los jeaga en la costa este, los guacata en el centro y los cuchiyaga en los cayos de Florida. Como los calusas eran el pueblo más poderoso de la zona, las otras tribus les llevaban regalos y mantenían una relación amistosa con ellos. Ayudar a los calusas contra los españoles era una forma inteligente de hacerlo.

La Fuente de la Juventud

Muchos pensaban en Juan Ponce de León como el hombre que buscó (y tal vez encontró) la Fuente de la Juventud, un manantial mágico que haría que un viejo volviera a ser joven. Ahora se cree que esta historia fue inventada por Gonzalo Fernández de Oviedo y Valdés, un historiador español que vivía en las Indias Occidentales. Oviedo era amigo de Diego Colón. Es posible que haya inventado la historia solo para dejar en ridículo a Juan.

Aunque no era real, la leyenda cautivó la imaginación de la gente de la época, y sigue haciéndolo hoy en día.

Hay varios manantiales en Florida que se han reclamado como la "verdadera" Fuente de la Juventud, y algunos de ellos incluso llevan el nombre de Juan. En San Agustín, los turistas acuden a probar las aguas sulfurosas de la Fuente de la

Juventud del Parque Arqueológico, creyendo que están vinculados a Juan Ponce de León.

En 1878, la revista *Harper's Monthly* publicó un artículo en el que afirmaba que la Fuente de la Juventud se encontraba en Arkansas, cuyas aguas termales tienen propiedades curativas.

Las islas Bimini, en las Bahamas, también afirman ser el hogar de la Fuente de la Juventud de Juan: un pequeño pozo de agua dulce junto a la carretera del aeropuerto de Bimini Sur.

Aunque sus otras expediciones habían fracasado, Juan quería volver a Florida lo antes posible. Todo el mundo en España hablaba de las tierras y tesoros que otro conquistador, Hernán Cortés, había recaudado para España, y eso provocaba la envidia de Juan.

Juan abandonó España en 1518 y regresó a Puerto Rico. En 1521, reunió una tripulación y dos barcos. A bordo había campesinos con su ganado, ovejas y cerdos, así como semillas para plantar. Juan trajo hombres que sabían construir con madera y metal, y soldados con caballos y perros. También trajo sacerdotes para convertir a los nativos de Florida a la fe católica. También estaba a bordo el sobrino de Juan, Hernán. Juan estaba dispuesto a realizar una segunda expedición a Florida. Esta vez estaba decidido a conquistarla y establecerse allí.

Hernán Cortés (1485–1547)

Hernán Cortés nació en una familia noble de Medellín, España. Zarpó de España en 1504 y desembarcó por primera vez en La Española. En 1511 se unió a una expedición a Cuba, donde llegó a ser Alcalde de Santiago.

Dirigió su propia expedición a México en 1519. En aquella época, los aztecas gobernaban entre cinco y seis millones de personas en el centro de México. Cortés se unió a algunos nativos que no querían ser gobernados por los aztecas. Con su ayuda, derrotó a los aztecas en la batalla de Otumba el 7 de julio de 1520. Como recompensa, fue nombrado Gobernador, Capitán General y Jefe de Justicia de toda la región, llamada Nueva España, en 1522.

Finalmente, Cortés regresó a Sevilla, España, donde murió a los sesenta y dos años.

CAPÍTULO 10
Los calusas

En febrero de 1521, Juan salió de Puerto Rico hacia Florida. Se cree que desembarcó en lo que hoy es la isla de Sanibel, frente a la costa suroeste de Florida. Este lugar tenía todo lo que se necesitaba para iniciar una colonia: aguas profundas para un buen puerto para los barcos, buena agua potable y una posición que Juan podía defender de los ataques.

Juan se enteró de que la isla de Sanibel estaba justo al otro lado de la bahía donde vivía Calus, cacique de los calusas (isla de Estero). Está en el lado sureste de lo que hoy es la bahía de San Carlos.

Calus y sus guerreros atacaron rápidamente. Los españoles los expulsaron de la isla con sus modernas armas.

Juan esperaba que los calusas dejaran en paz a los colonos. Pero los calusas lucharon contra los invasores españoles. Atacaban cuando los colonos intentaban plantar sus cultivos, alimentar a sus animales y construir sus refugios. Parecía que cuando estaban al aire libre y sin protección, eran el objetivo de los calusas.

A pesar de que los colonos tenían mejores armas, eran ampliamente superados por los implacables calusas. Juan y sus hombres decidieron que tenían que marcharse, y tenían que hacerlo rápidamente. Ni siquiera tuvieron tiempo de cargar sus caballos en los barcos.

Tuvieron que luchar contra los calusas mientras regresaban a sus barcos. Juan fue alcanzado en el muslo por la flecha de un guerrero calusa. Consiguió subir al barco con la ayuda de sus hombres y zarparon hacia Cuba para conseguir ayuda médica. El sobrino de Juan, Hernán, también resultó herido. Murió antes de llegar a Cuba.

Juan llegó a Cuba, pero la herida se le infectó y

se enfermó. En julio de 1521, a menos de un año de haber salido a conquistar Florida para ser su gobernador, murió. Tenía 47 años. Fue enterrado en Cuba, pero posteriormente su cuerpo se trasladó a San Juan, Puerto Rico. Hoy su cuerpo descansa en la Catedral de San Juan bajo un monumento que dice: "Bajo esta estructura descansan los huesos de un León".

El terreno donde Juan construyó su casa está

Tumba de Ponce de León

La casa de Juan Ponce de León convertida en museo

en la actual República Dominicana. La propia casa es ahora un museo en la ciudad de San Rafael de Yuma. En las Bahamas hay unas islas llamadas Bimini. El nombre significa "dos islas" en la lengua del pueblo lucayo que vivía allí. ¿Podría ser la tierra mística que Juan esperaba encontrar? Nunca lo sabremos.

Aunque nunca gobernó Florida ni fundó

Bimini, Juan Ponce de León y hombres como él cambiaron por completo las tierras que conquistaron. Tras la muerte de Juan, los españoles invadieron otras tierras para crear lo que llamaron la "Nueva España". En todos los lugares que colonizaron, se llevaron los recursos naturales, como minerales y cultivos. La gente que vivía allí fue esclavizada y obligada a trabajar para España. Más tarde, trajeron más personas esclavas de África. Hoy en día, muchas personas que viven en Cuba y Puerto Rico descienden de los conquistadores españoles, de los nativos y de los africanos esclavos.

Por muchos años, hombres como Juan fueron celebrados por su valentía al explorar "nuevos" mundos. Se les erigieron estatuas. Pero ellos lo que hacían era mapear lugares donde nunca habían estado, no los descubrían. Juan era considerado un héroe por la gente de España. Hoy en día, muchos se preguntan si se debe homenajear a

alguien por "descubrir" una tierra que en realidad arrebató por la fuerza a las personas que vivían allí.

En la época de Ponce de León, muchos

soñaban con zarpar para reclamar tierras y tesoros. Al igual que el mito de la Fuente de la Juventud, esos sueños no se basaban en una realidad compartida. Trajeron gloria y riqueza a España, pero a las personas de las tierras conquistadas, les trajeron tristeza, dolor y el fin de la vida que amaban.

Juan Ponce de León vivió la misma vida que anhelaba mientras se hacía mayor. Fue un caballero que se ganó el honor y el respeto de su rey y su reina. Vio tierras que ni siquiera sabía que existían cuando era un niño. Fue aclamado como un héroe por la gente de su país y creyó que hacía un trabajo sagrado para su Dios. Tenía 47 años cuando murió, pero cientos de años después se le sigue recordando. El nombre de Juan Ponce de León está ligado para siempre a las historias de Florida, Puerto Rico y Bimini.

Monumento a Juan Ponce de León en San Juan, Puerto Rico

Cronología de la vida de Ponce de León

1474 — Nace Juan Ponce de León en Santervás del Campo, España

1492 — Lucha en la batalla de Granada, que convirtió a España en un país totalmente católico

1493 — Navega hacia La Española con Cristóbal Colón

c. 1502 — Se casa con Leonora

1504 — Es nombrado Gobernador de Frontera de Higüey, en La Española

1505 — Funda la ciudad de Salvaleón en Higüey (La Española)

1508 — Dirige una expedición a la isla de Borinquén (luego Puerto Rico)

1509 — Se convierte en gobernador de Puerto Rico

1511 — Aplasta la rebelión taína en Puerto Rico

1512 — Recibe el permiso del rey Fernando II para explorar las tierras al norte de Puerto Rico

1513 — Desembarca por primera vez en la costa de Florida

1514 — Es nombrado Gobernador Vitalicio de Florida y Bimini por el rey Fernando II

1516 — Regresa a España tras la muerte del rey Fernando II

1518 — Deja España para volver al Caribe

1521 — Regresa a Florida y es herido por los calusas

— Muere en Cuba, en julio, herido por una flecha

Cronología del Mundo

1475 — Se juega la primera partida de ajedrez con reglas modernas entre Francesco di Castellvi y Narciso Vinyoles en España

1476 — Vlad III, príncipe de Valaquia, conocido como Vlad Drácula, muere al norte de la actual Bucarest, Rumanía

c. 1481 — Se talla la Piedra del Calendario Azteca o Piedra del Sol

1483 — Nace en Alemania Martín Lutero, fundador del protestantismo

1487 — Se publica en Speyer, Alemania, el *Malleus Maleficarum*, un manual para los cazadores de brujas

1490 — Leonardo da Vinci diseña una lámpara de aceite con una llama dentro de un tubo de vidrio en el interior de un globo de vidrio lleno de agua

1502 — Los primeros africanos esclavos son llevados a la isla de La Española

1506 — El Papa Julio II coloca la primera piedra de la Basílica de San Pedro en Roma

1508 — Miguel Ángel comienza a pintar el techo de la Capilla Sixtina en el Vaticano

1516 — Enrique VIII establece el servicio postal británico

1520 — Fernando de Magallanes es el primer europeo que navega desde el Océano Atlántico hasta el Pacífico

Bibliografía

*Libros para jóvenes lectores

Cusick, James G., and Sherry Johnson (editors). *The Voyages of Ponce de León: Scholarly Perspectives*. Cocoa, FL: Florida Historical Society Press, 2012.

*Eagen, Rachel. *Ponce de León: Exploring Florida and Puerto Rico*. In the Footsteps of Explorers series. New York: Crabtree Publishing, 2006.

Evanoff, Neely. "Pirates and the Gulf Stream and World Conquest." *Medium*. May 28, 2018. https://medium.com/@ngevanoff/the-gulf-stream-was-discovered-in-a-high-speed-chase-7c8e4ccfb720.

Florida Center for Instructional Technology. "The Calusa: The 'Shell Indians.'" *Exploring Florida*. https://fcit.usf.edu/florida/lessons/calusa/calusa1.htm.

National Oceanic and Atmospheric Administration. "What Is the Gulf Stream?" *Scijinks*. May 11, 2021. https://scijinks.gov/gulf-stream/.

Peck, Douglas T. *Ponce de León and the Discovery of Florida: The Man, the Myth, and the Truth*. St. Paul, MN: Pogo Press, 1993.

Rivera, Magaly. "Taino Indian Culture.": *Welcome to Puerto Rico!* https://welcome.topuertorico.org/reference/taino.shtml.

*Sammons, Sandra Wallus. *Juan Ponce de León and the Discovery of Florida*. Sarasota, FL: Pineapple Press, 2013.

Stoneking, Cain. "The Decline of the Tainos, 1492-1542: A Re-Vision." *Student Theses, Papers and Projects (History)*. 2009. https://digitalcommons.wou.edu/cgi/viewcontent.cgi?article=1222&context=his#:~:text=Early%20population%20estimates%20of%20the,from%20100%2C000%20to%201%2C000%2C000%20people.

*Waxman, Laura Hamilton. *A Journey with Ponce de León*. Primary Source Explorers series. Minneapolis: Lerner Publications, 2018.

TUS MODELOS PARA LA HISTORIA